ネムネム仙人と考える 子供の眠り

JN223313

はじめに

　はじめまして。私は望月宏笑といいます。

　平成21年に静岡市内の中学校で教育相談員という仕事で子供の心理を扱う仕事をスタートし、今は静岡県内の公立小中学校でスクールカウンセラーをしています。「寝る子は育つ」と、子供達の発育と睡眠は関係深いことが昔から知られていますが、私は子供の眠りとやる気の関係に注目しています。スクールカウンセラーの仕事で、子供やお母さんの話を聞いていて、最近、子供の眠りと成長の関係がこわれてしまっているのではないかと強く感じています。不登校・発達障害・暴言や暴力・いじめといった問題にかかわってスクールカウンセラーをしていて、どれも睡眠と密接な関係を持っていることを実感しました。

　人はしっかり眠れていなければ、心のバランスが崩れて気分が落ち込み、あるいは攻撃的になることもあります。睡眠不足が続けば子供の脳や体は十分に発達できません。しかし質の良い睡眠が取れていれば、子供達が様々なことに向かっていける元気が生まれてきます。睡眠は全ての問題の予防になるといえます。

ところが最近の学校では朝から疲れている子供が増えています。なかには小学1年生の教室で朝から机に寄りかかりあくびをしている子供をみかけることがあります。また授業中に熟睡してしまっている子供もいます。学年があがるにつれて、このような子供の数はさらに増える傾向があります。朝から眠くては勉強や運動などにとても積極的には取り組めそうもありません。子供の姿勢が崩れてぐったりしている様子は、やる気がないというより「気力がない」と言う方があっているようです。

　学校の協力で子供達に自分の睡眠を記録してもらうと、ほぼ全員の子供の睡眠の質があまりよくないことがわかります。子供達に書いてもらった睡眠記録を一枚一枚見て朝起きられない、夜寝つけないなど睡眠の質が低くなっている可能性のある状態をチェックしていきますが、まったくチェックがつかない睡眠の質が良い子供は1つの学校につきほんの数人しかいません。

　つまりほとんどの子供の睡眠の質が悪い、慢性的な睡眠不足であるということで、これは子供の健やかな成長にとって深刻な状態なのです。

睡眠が不足すると人はだれでも活動に集中することができません。体力のない子供ならなおさら勉強・運動・活動に集中することができず、それにくわえて考え、理解し、覚えることができなくなります。また睡眠不足が原因で単純なミスを起こすこともよくあり、忘れ物だって多くなってしまいます。このように活動が思うようにできなくなるばかりか、体や脳の成長が十分にできなくなってしまうのです。

　私は学校でお母さん方から、子供が暴れる、勉強をやりたがらない、落ち着かない、学校に遅刻してしまうなどといった子供の困った行動についての相談をよく受けます。お母さん方から子供の生活リズムや様子をくわしく聴くと、睡眠不足の可能性が浮かび上がってくることがよくあります。そんな時は眠りを調整する方法を、その家庭に合わせてアドバイスしやってみてもらいます。

　その後、翌月にもう一度お話を聴くと、最初に相談していたことが多かれ少なかれ改善していく様子がうかがえることが多いのです。朝起きられなかった子供が自分で起きるようになった、暴れていた子供が冷静になることができた、宿題を嫌がっていた子供が自分から取り掛かるようになったといった具合にです。子供がしっかり眠れるようになったことで気持ちに余裕が生まれ、頭がしっかり働くようになりますから、親の声かけに耳を傾けられるようになったり、考えることができるようになったからだと思います。

　相談の場では「もっと早く睡眠について知っていたら・・・！」というお母さん方の声をたくさん聞きました。そうした経験を踏まえ、私は

もっとたくさんの家庭で、子供達がもっと質の良い睡眠が取れるように
なったらどんなにいいかと思います。ぐっすり眠ってスッキリ起きられ
るようになれば子供はすくすく成長し学校生活が充実します。そうなれ
ばきっと今より笑顔が増えるはずです。

　睡眠はコツさえわかればだれでも調整できるようになります。私は幼
児や低学年の子供に睡眠のコツを簡単にわかってもらいたいと思い「ネ
ムネム仙人の３つのオキテ」というお話を書きました。これを小学校で
これから入学する子供達の保護者向けに、なぜ３つのオキテで質の良い
睡眠が取れるようになるかを説明し、「ネムネム仙人の３つのオキテ」
の冊子を配布しました。他にも小学校の授業の中で、子供達がネムネム
仙人のお話を演じて授業への興味を引っ張ってくれたこともありまし
た。

　この本でも子供と睡眠について書いたこの「ネムネム仙人の３つのオ
キテ」を掲載しました。そのうえで「ネムネム仙人の３つのオキテ」の
意味や背景をわかりやすく書いていきたいと思います。この本が子供達
の成長や日常生活で悩んでいるお父さんやお母さん、子供達に関わって
いる多くの方に役に立つことを願っています。

ネムネム仙人と考える子供の眠り

もくじ

ネムネム仙人の3つのオキテ

アイちゃんはねぼすけの小学校３年生。

朝起きられないので、お母さんによくしかられます。

今朝もお母さんに何度も起こされたのに、どうしても起きることができなくて学校に行くのがおそくなってしまいました。お母さんは大きくためいきをつきました。

「まったくどうして夜は早くねているのに、朝はちっとも起きられないのかしらねえ」

アイちゃんは小さな声で言いました。

「いってきます・・・」

毎日ちこくばかりしているので、なんだか急ぐ気持ちがなくなってしまいました。

　アイちゃんはとぼとぼとうつむきながら、学校へむかう道を歩いていきました。

　大きな通りからほそい路地に入りました。この路地はなんだかいつもひんやりした空気がながれています。

　今日もとてもしずかです。木がしげった神社のとりいを、ぼんやりながめながら歩いていると、なんだか白い大きな丸いものが、こちらにむかって手まねきをしているのが目に入りました。

　アイちゃんは「あれ？」と思いました。

　近くまで行くと、そこには白い大きなねこがでーんとすわっていました。ねこの横には、「なやみ、かいけつします」と立てふだがおいてありました。

　アイちゃんは「なやみかいけつ？　え？　なやみをかいけつするねこなの？」と思わずつぶやきました。

　ねこは急にしゃべりはじめました。

「わしは ネムネム仙人じゃ。わしは秘伝の術ですべてなやみをかいけつすることができる。おぬしもなやみがあるようじゃな」

　ねこがいきなり話しかけてきたのでアイちゃんはびっくりしました。立ちどまってじっとそのねこを見ていましたが、小さく「・・・うん」とうなずきました。

「そなたの なやみは いったい なんじゃ」

　ネムネム仙人は問いかけました。

　アイちゃんは、ちょっといっていいのかまよいましたが、思いきってなやみを話すことにしました。

「ねこさん、ネムネム仙人さん、わたしのなやみは・・・ねぼうしちゃう ことなの・・・。今日も学校をちこく、毎日ちこく。これってなおるかなあ・・・？」

　アイちゃんはおずおずとたずねました。ネムネム仙人はひげをなでながらこたえました。「ふーむ、朝起きられないのじゃな？　それならかんたんじゃ。３つのオキテをまもればかんたんじゃぞ」

「え？　３つのオキテ？」

「そうじゃ。たった３つじゃぞ。よいな、しっかりおぼえていくのじゃ」

　アイちゃんは、ネムネム仙人の言葉に耳をかたむけました。

「その１、夜ねるまえにじゅもんを３回となえるのじゃ。『あした〇〇時に起きます、〇〇時に起きます、〇〇時に起きます』よいな。しかも毎日 おなじ時間に起きるととなえるのじゃ。休みの日もおなじ時間をとなえるのじゃぞ。

　その２、ふとんにはおもちゃや絵本はもちこまないでねるのじゃ。遊ぶのはかならずふとんの外じゃぞ。

　その３、朝起きたら、まどから外を見て、ワシにお礼をいうのじゃ。『ネムネム仙人さま。　おかげさまで起きられました。ありがとうございます』じゃ。ムフフ。毎朝外にむかってお礼をいうのじゃ。起きるのがおそくなった日も必ずいうのじゃぞ。

　なに、どれもかんたんじゃ。わすれずになっ！　オホホホホ！」

　そう笑いながら神社のしげみのおくに、しっぽをくるりとまわして行ってしまいました。

　アイちゃんはふしぎな気持ちになりましたが、さっそくその日のばんから、ネムネム仙人のいうとおりにやってみることにしました。

アイちゃんは毎晩ふとんの中で本を読むと決めていましたが、今夜はベッドの横にすわって読むことにしました。本はおもしろくて夢中で読んでいましたが、そのうちにあくびが出るようになったので、ベッドに入ってやすむことにしました。

　アイちゃんはネムネム仙人のオキテを思い出し、ネムネム仙人がきっとどこかで聞いてくれているんだと思いながら呪文をとなえました。

　「あした６時に起きます。６時に起きます。６時に起きます。ネムネム仙人さん、おやすみなさい」

　朝になりました。アイちゃんは目をさましました。
「あれ？　何時？」
　ぱっとめざましどけいを見ると、なんとセットした時間よりも３分早かったのです。
「やったー！」
　パッと起き上がり、まどから外にむかって
「ネムネム仙人さん、すごい！　起きられました。ありがとうございました！」
　とお礼をいいました。朝のまぶしい光がアイちゃんをつつみました。

アイちゃんへ

よかったな。これからも3つの掟をわすれるなよ。

その1　ねるまえに　おきるじかんを
　　　　3かい　となえる。
その2　ふとんに　ものを　もちこまない。
その3　あさおきたら　まどのそばで
　　　　ネムネム仙人に　おれいをいう。

ワシはいつも　おれいをきいているからな。
わすれるなよっ！

ネムネム仙人より

　アイちゃんは次の日からもネムネム仙人のいいつけをまもることにしようと思いました。

　それから時々起きられなくてちこくしそうになる日もありましたが、あきらめずに毎朝毎晩３つのオキテを守りました。２週間くらいたつとほとんどねぼうをしなくなりました。アイちゃんはネムネム仙人さまにあってお礼をいいたいなと思い、あの通りをまがった路地の神社に行ってみましたが、どこにも白いねこはいませんでした。ふと気がつくと神社のやしろのさいせんばこの前に、紙が１枚おいてありました。アイちゃんはひろいあげて読んでみました。そこには、

『よかったな。これからも３つのオキテを忘れるなよ。

　その１　ねるまえに おきるじかんを ３かい となえる。

　その２　ふとんに ものを もちこまない。

　その３　あさおきたら まどのそばで ネムネム仙人に おれいをいう。

　ワシは いつでも きいている からな。わすれるなよっ！

　　　　　　　　　　　　　　　　　　　ネムネム仙人より』

と書いて ありました。

　アイちゃんはだいじにその紙をポケットにいれて家に帰りました。　　　　　　　　　　　　　　　（おしまい）

#アイちゃんはなぜ
　スッキリ起きられるようになったか

　アイちゃんとネムネム仙人の話はいかがでしたか？　睡眠と子供の生活で悩んでいる多くのみなさんに、これから書いていくことを、少しでもわかりやすく伝えたいと、この物語を考えました。アイちゃんとネムネム仙人の物語に即して話を進めていきたいと思います。

1 ネムネム仙人が教えてくれた3つのオキテ

　アイちゃんは毎日寝坊ばかりして学校に遅刻してしまうことに悩んでいました。いつも一緒に学校へ行く友達が玄関に迎えに来ても先に行ってもらわなくてはいけません。やっとの思いで起きても頭がボーっとしています。最近は朝の支度も、いつもの何倍も時間がかかってしまいます。そんな自分にイライラしてお母さんに当たり散らしてしまうこともあります。どうしたら朝スッキリ目がさめることができるのか悩んでいました。

　そんなある日、アイちゃんは学校へ行く途中にある神社でネムネム仙人に出会いました。悩み解決の立て札を掲げた不思議な猫。アイちゃんはネムネム仙人に悩みを打ち明けます。ネムネム仙人はアイちゃんの悩みを聴くと、不思議とアイちゃんの悩みは眠りに解決のカギがあると

わかって、秘伝の術である３つのオキテを伝授しました。

その１　ねるまえに おきるじかんを ３かい となえる。
その２　ふとんに ものを もちこまない。
その３　あさおきたら まどのそばで ネムネム仙人に おれいをいう。

　最初は半信半疑だったアイちゃんでしたが、３つのオキテを試してみました。失敗して寝坊してしまう日もありましたが、２週間くらいたつと朝スッキリ目覚めることができるようになりました。どうしてこの３つのオキテをすることでアイちゃんは寝坊しなくなったのでしょうか。ひとつずつ見ていきましょう。

◎その１　寝る前に起きる時間を３回唱える。

　まずネムネム仙人はアイちゃんに「寝る前に起きる時間を３回唱える」ことを教えました。どうして起きる時間を３回唱えると起きられるようになるのでしょうか。私達の脳には毎朝同じ時間に目覚めるように働かせる物質があります。それをきちんと働かせるために、寝る前に起きる時間を考えるといいのです。ネムネム仙人は一つ目のアプローチを、夜寝る前に起きる時間を３回唱えるように教えました。この行動によってアイちゃんの脳は、朝自分で決めた時間にスッキリ目覚めるプログラムを起動させることができるようになったのです。

・スッキリ目覚める！　自分で起きる方法

　ネムネム仙人は寝る前に明日〇時に起きると３回唱えるように教えました。これは私たちの脳が自分で目覚める仕組みに働きかける行動です。大事な用事や遠足や旅行などに行くために早く起きなきゃいけない時、「明日は５時に起きなくちゃ！」と決めて寝ることがあると思います。そんな時、その翌朝その時間の少し前に目を覚ますことができたという体験が今までにありませんでしたか？　これは自分で目覚める仕組みがうまく働いたからです。

　自分から起きた方がスッキリと目を覚ますことができますから、子供達をうまくリードしたいものです。私は子供達に自分から起きたほうがかっこいいからこの方法をやってみようと伝えています。アイちゃんだって起きられない自分が悔しいと思っていました。起きたいのに起きられない。いくらがんばってもできない自分はダメな子かもしれない。そんな風に苦しんでいたのはこの仕組みを知らなかっただけなんです。アイちゃんがだらしないわけでも、朝アイちゃんを遅刻しないで登校させることができなかったお母さんがダメなわけでもないのです。朝起きることは当たり前のようですが、いったんズレ始めてしまうとコツを知らなければ修正するのに苦労してしまいます。修正のコツは他にもいろいろありますが、まずは自己覚醒のスイッチができるように「〇時に起きる」としばらくは寝る前につぶやいてみてください。そうすると自分の中にある朝自分ですっきり起きるプログラムが動き始めるのです。

・毎朝同じ時間に起きると疲れにくくなる

　せっかくスムーズに起きられるようになっても、また土曜日、日曜日に寝坊すれば週明けはふたたび同じように起きられなくなり不機嫌になってしまいます。アイちゃんがなかなか起きられなかったのは土日に寝坊の習慣があったからなのです。

　学校で午前中からウトウトしてしまう子供の睡眠状況を調べると、土日にいつもより寝坊する習慣がある子供が多いのです。平日に塾や習い事で遅くなるから休日は寝だめしようとしても、私達の体は寝だめができないようになっています。疲れた体を横にして休むことは良いことですが、平日より1時間以上遅くまで寝ていることでかえって疲れやすくしてしまっているのです。疲れているかどうかに関わらず、平日も休日も同じ時間に目覚める習慣をつけたほうがいいのです。最初のうちは目覚めてもボーっとしたり、イライラするかもしれませんが、3日、10日、14日と続けて同じ時間に起き続けていきます。そうすることで脳の仕組みが整っていきますから、だんだんとスッキリ感がでてくるはずです。

◎その2　布団にものを持ちこまない。

　2つ目のオキテは「布団にものを持ちこまない」ことです。アイちゃんは寝る時にいつも布団に本を持ちこんでいました。朝すっきり起きられない子供はおそらく本やスマホなどを、布団のかたすみに入れることをしていることが多いのではないでしょうか。寝る前に布団の中で本を読んだり、ゲームをしたりするのを楽しみにしている人もいると思います。しかしこれらの行動が、知らず知らずのうちに私達の眠りを浅くさせているのです。なぜなのでしょうか？

・眠りを浅くして生きのびる⁉

　私たちの脳はいつでもその時の環境に合わせようとする性質を持っています。

　大昔、私たちの祖先がまだ森に住んでいた頃、今の私達の眠り方ができあがりました。その頃の私達の脳はすでに他の動物より高度に進化していたため、脳をしっかり休ませる必要が出てきました。しかし一晩中ぐっすり脳を休ませてしまうと虎や熊などに食べられてしまう恐れがあります。私達の眠りは、深い眠りと浅い眠りを繰り返しながら脳を休ませて体を動かす睡眠と、脳を活発に動かして体を休ませる睡眠を交互に90分ごとに繰り返す眠り方になりました。しかし例えば虎や熊がうろついている気配がすれば、その夜は眠りながらも脳は常に外に注意を払わせるモードに切り替えます。何かあればすぐにパッと目覚めて戦うか逃げなくてはいけません。この眠り方はかなり時が流れた今も変わっていません。

今の私たちは寝ている間に虎や熊に襲われる心配のない生活を手に入れることができましたが、寝ている時に外に注意を払うシステムはそのまま私達に残っています。命があやういわけでもないのに、スマホや本を布団の中に置いておくだけで外に注意を向けるモードになってしまうのです。ですから脳をしっかりと休ませるような質の良い睡眠を取るためには布団の中にものを持ちこまないことが必要です。

　スマホや本だけではありません。ある大学生がワンルームに一人暮らしを始めてしばらくしてから、いくら寝ても頭がぼんやりして日中眠気を感じるようになってしまいました。調べてみると、その人の布団の頭の上にはいつも洗濯ハンガーがぶら下がっていたのでした。ワンルームなので置く場所に困るとは思いますが、頭の上に下げるのはやめてもらい足元に下げる工夫をしただけで、その大学生はぐっすり眠ってスッキリ起きられるようになりました。布団にものを持ちこまなくても、布団の頭の周りにものがある状態であれば、もしかしたら眠りに影響をおよぼしてしまっているかもしれません。

・子供に布団の中で絵本を読ませたらいけないの？

　では子供に夜寝る前に本を読み聞かせをしてはいけないのでしょうか？　絵本を読んでもらうことは、ほとんどの子供が大好きなのでぜひやっていただきたいと思います。でも質の良い睡眠を取るためには、居間や、あるいはベッドの横に座ってといった具合に布団の外であることが望ましいのです。

　またある学校で布団の中にものを持ち込まないようにという話をしたときに「犬を飼っていますが、犬は布団に入れてはいけませんか？」

という可愛い質問がありました。よほどかわいがっている犬なのでしょう。答えは OK です。寝る時に安らかな気持ちになることは質の良い睡眠にいいというだけではありません。心の安定は子供の成長を最大限に引き出す大切なものです。大好きな友達である犬をなでながら安らかに眠るなんて、最高に幸せな瞬間です。

　夜寝る前にやることで多いのはゲームです。いくら親がダメだと言っても、子供がこっそりゲームを布団の中でやってしまえば、脳が寝床はゲームをやる場所と認識してしまいます。早く眠らなければいけない日もなんだか興奮してしまって目が冴えてしまうということが起きてしまい、ますます「眠れない」状態に落ちていってしまいます。布団でゲームが日常化している子供達の中には、ゲームをしているうちに自然に眠りにつくからいいんだと言いますが、朝スッキリ起きることはできません。睡眠の質が悪くなってしまっているのです。ゲームやテレビも布団の外が鉄則です。脳の興奮を冷ますためにも寝る 1 時間前にはやめる習慣をつけたいものです。

◎その3　朝起きたら窓のそばでネムネム仙人にお礼を言う

　ネムネム仙人にお礼を言うことで、朝起きられるなんて不思議ですよね。実をいうとこれは、お礼を言うために窓のそばで光を浴びることがポイントなのです。私たちの生体リズムは 24 時間より少し長くて、地球の環境リズムより長いため、光を見ることで毎朝環境リズムにリセットされるようにできています。寝る前に起きる時間を 3 回唱える方法でもリセットできますが、「光」を使った方法が一番効果的な方法なのです。ネムネム仙人は睡眠リズムを整えるには、光をうまく使うことを知っていたのです。ですから朝起きたらアイちゃんを明るい窓際まで来させる必要があったのです。

・朝の光を毎朝同じ時間に浴びると体が軽くなる

　アイちゃんはネムネム仙人の教えてくれた 3 つのオキテを守るようになってからは、体がどんどん軽くなっていきました。睡眠リズムが整っていないと起きたい時間になっていてもスッキリ起きられませんし、食欲も出ず、体がだるく思うようにさっと体が動かせなくなります。アイちゃんは 3 つのオキテのうち朝の光を浴びることは、次の日からすぐにできるようにはなりませんでした。お母さんに起きるように声をかけられて目が開けられなくても光を浴びようとがんばりました。アイちゃんに聴くと、目が閉じたままでもとにかく光を浴びると瞼を通して明るい感じがわかったそうです。何日かたつと少し体が軽くなり目があけられるようになってきました。できないと思い込んでいた睡眠リズムの調整は光を使えば簡単にできるのです。

お母さんに協力してもらっていたお寝坊のアイちゃんでさえ、2週間も続けたら自分の力でスッキリ起きられるようになりました。私たちは目で光を見ると脳に光を見たという信号が送られます。このことで脳にある体内時計は「朝がきた」と認知し、脳は活動モードに整えていきます。一日だけではだめで、毎朝同じ時間に光を見ることで体内時計が安定していきます。そうなると体が軽く感じるようになります。

　アイちゃんは土曜と日曜の休日に寝坊をする習慣がありました。せっかく平日はいつも同じ時間に登校することで自然に光を同じ時間に見ることができていましたが、休日になるといつもより遅い時間に光を見ていました。遅い時間に光を見ることで平日の安定した体内時計がくるってしまいます。このことでアイちゃんの脳はいったい何時に目覚めさせていいのか迷ってしまっていたのです。体内時計が狂うと体が重くなってしまうのです。脳は1日リズムがずれるとそのリズムに合わせようとしますが、スムーズになるまで3、4日かかります。そのため土日に寝坊すると、月、火、水曜日あたりまで体内時計を整えようとするため体がだるくて重い状態になってしまうのです。せっかく木曜日あたりに体が楽になったのに、また土日で起きる時間を遅くしてしまえば、ふたたび週明けには体がだるくて起きられなくなります。休日はいつもの睡眠リズムをできるだけくずさないように光を強い味方にしましょう。

・学校のある日も休日も同じ時間に光を浴びるためにはどんな工夫ができるでしょうか。子供の健やかな眠りのために、お母さんやお父さんは覚えておいてください。

○起床時間になるとカーテンを開ける。
○とにかく起床時間になれば、窓辺に立って外を見させる。
○ベランダに椅子を出して、起きたらとにかく座らせた。
○窓のそばで歯磨きをするようにした。
○窓が大きな部屋の窓の横にふとんを敷いて寝る。
○手を伸ばせばカーテンを開けられる場所に寝る。
○寝る時からカーテンを開けて寝る。
○目覚まし時計を光が出るタイプに変えた
○ベッドの頭付近にデスクライトを置き、起きる時間になるとつけた。
○寝室を2階から1階に変え、窓だけではなく台所と部屋の扉を開け放した。

　工夫は相談した人の数だけありました。これらを参考にして朝光を浴びることができる環境を作ってみてください。

2 なぜ、ネムネム仙人は
アイちゃんが眠れていないのがわかったの？

　神社に「なやみ　かいけつします」の立て札を置き、アイちゃんの悩みを聴いて、これは眠りの問題とぴたりとあてたネムネム仙人。ネムネム仙人はアイちゃんの話の内容だけではなく歩く姿や座っている様子から睡眠不足の兆候を見つけ出しました。

　子供達の睡眠不足はまず子供達の歩く姿でわかります。睡眠不足だと筋肉が体を支えきれないからです。アイちゃんは寝坊ばかりしていたから気持ちが落ち込んでいたばかりではなく、背中を丸めてひざが曲がった状態で歩いていました。寝不足だと足も上がりにくいのでつまずきやすくなります。またランドセルを下ろして座って話している時も背中は猫が昼寝をしているように丸くなっていました。ネムネム仙人はそんなところを逃さず見ていました。そして「毎日寝坊をしている」と聴けば、これはもう眠りにアプローチするしかないでしょう！

　知らず知らずに睡眠不足になっているのですから、本当にもったいないことです。ネムネム仙人の3つのオキテを2週間くらい守っていけばすぐに質が高い眠りになれます。授業後に睡眠記録をとって検証すると、授業を聴いてすぐにやってみることができる子供は半分くらいです。授業を聴いただけですぐに行動を変えられる子供ばかりではありません。家族がネムネム仙人の3つのオキテを知っていれば、もう半分の子供達はすぐにでも眠りの質を高めることができるでしょう。行動をすぐに変えられた子供達だって、何日かすればすぐに元の睡眠不足の習慣に戻ってしまうかもしれません。大人が子供の睡眠のコツさえわかっていれば、

せっかくついた習慣がキープできる確率が高まります。たくさんの大人達にも知ってもらえたらどんなにいいでしょう。ネムネム仙人もそう願っているはずです。

　子供達の睡眠の質を上げる。そのためには子供がどのような睡眠の状態になっているかを知ることが最初のステップです。学校の授業では子供達に目をつぶって片足立ちで30秒立ってもらうテストをします。睡眠の質が悪かった子供達はぐらぐらして足をついてしまいます。最後までしっかりと立てたらよく眠れている証拠です。その他にも睡眠不足をチェックできますので、ネムネム仙人になったつもりで子供達を良く観察してください。

　①目をつぶって片足立ちで30秒
　②午前中に居眠り
　③姿勢が悪くて、すぐに何かに寄りかかってしまう

眠れない時のオキテ

　小学校の子供達の帰宅後の生活はけっこう忙しいのではないでしょうか。塾や習い事がある他、親が仕事で帰宅するのが遅くなるため、宿題、ご飯、お風呂とバタバタしてしまい、どうしても寝るのが遅くなってしまうと、学校で子供やお母さん方から話を聴きます。ここはネムネム仙人に相談したいところですね。ネムネム仙人はぜひ子供達が睡眠不足にならないように工夫をしてくださいと言っています。アイちゃんが朝起きられるようになった3つのオキテは、睡眠不足の予防にも有効です。

　①夜寝る時に朝起きる時間を3回唱える
　②布団にものを持ちこまない
　③毎朝同じ時間に光を見る

　この3つを守るだけで睡眠の質を良くすることができます。しかし帰宅の遅い子供達はこれだけでは足りません。「早く寝なくちゃ」と焦ってもなかなか寝つけない状態におちいっていることが多いのです。これではさらに睡眠時間が削られてしまい、慢性的な睡眠不足になってしまいます。
　そうならないためにも、お風呂の入り方を一工夫してみてください。眠気は体温が下がった頃におとずれるようにできています。寝る直前にお風呂に入ると体温を上げてしまうので、眠りたくても眠れなくなってしまいます。寝る2時間前にお風呂に入っておけば、ちょうど眠る頃に体温が下がって気持ちよく眠りにつくことができます。どうしても寝る直前にお風呂に入らなければいけない場合は、熱くないお風呂かシャワ

ーなどであまり体温を上げないようにしてください。

　また脳の体温が下がって、手首・足首・腰・肩の体温がほどよく保温されている時に私たちは眠気を感じます。どうしても眠気が覚めてしまって困る場合は、脳の体温を下げるなどしてこのような状態を作り出してしまうのも一つの方法です。ネムネム仙人が私に勧めてくれた眠気が覚めてしまった時の工夫は、

①頭が冴えてしまい眠れなくなった時
⇩
頭の上半分を保冷剤か、冷凍庫で冷やした乾いたタオルを当てる

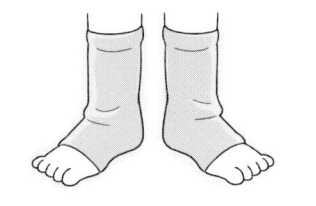

②足首が冷えてしまい眠れなくなった時
⇩
足湯をしてレッグウォーマーで保温する。寝る時にははずす

③腰や肩が冷えてしまい眠れなくなった時
⇩
ドライヤーで温めて（やけど注意）、保温性のあるパジャマを着る

　３つのオキテに加え、これらをプラスすると眠りに入りやすくなります。眠り始めの３時間以内に成長ホルモンが出るので、特に眠り始めはぐっすり眠れる環境を整えてあげたいものです。

朝、起きられない…
夜、なかなか寝つけない…

　たくさんの子供達が、ぐっすり眠ってすっきり起きたいと願っています。小中学校で行っている睡眠授業では、子供達に睡眠の質を良くするための3つのオキテを伝授しています。質の良い睡眠を取ると、成績があがる、スポーツの能力があがる、きれいでかっこよくなると子供達に伝えています。そのためにどんな3つのオキテを守ればいいのでしょうか？

　多くの親子に睡眠のオキテを知ってもらえたら、たくさんの子供達がぐっすり眠れるようになります。私は睡眠のオキテを伝えていく活動を続けていきたいと思っています。親子に限らず、教育関係者、子育て支援の方、スポーツ指導者といった子供に関わる方、興味のある方はぜひホームページをご覧ください。

　　■ホームページ　http://suku-min.com
　　■メール　info@suku-min.com

☆SUKU-MIN　代表　望月宏笑☆

1962年静岡市生まれ。
2007年産業カウンセラーを資格取得。
2010年静岡県準スクールカウンセラー、
2012年静岡市準スクールカウンセラーに任用。
2015年Active Sleep主宰、作業療法士菅原洋平氏による睡眠指導者育成講座受講。

≪主な活動≫
・研修・授業・講演
幼児、小中学生の子供、保護者、教育関係者。
児童生徒を対象としたスポーツチームや塾
などの運営者・コーチ等。
・スクール
親と子の睡眠スクールを開催。
・セルフスリーププログラム
学校やチームなどの集団にて、子供達の睡
眠記録を活用し、子供が自分から質の良い
睡眠を目指すプログラムを実施。

おわりに

　睡眠はどの小学校でも中学校でも、子供達の関心がとても高いと感じます。授業前に取るアンケートには、子供達からとてもたくさんの質問が記入されてきます。睡眠のコツは知れば知るほど、やればやっただけ眠りの質は高まるので、できるだけ多くの子供達に知ってもらいたいと思っていました。

　スクールカウンセラーの経験から、最近の多くの学校で問題が深刻化している不登校・発達障害・暴言や暴力・いじめといった問題は子供の眠りと深い関わりがあることを痛感しています。そして、それを解決して行く方法がそれほど難しいことではないことも勉強しました。そのコツを多くの子供たちとお母さんやお父さんに伝えたいと思い、この本を書きました。

　ネムネム仙人のお話は、特に低学年の子供達に興味を持ってもらおうと書いたお話です。さらに小学校に入学する直前の子供にも伝わりやすい内容にしようと思い書きました。ネムネム仙人のお話は子供達が一番知りたいと思っている起きられない時にどうしたらいいかという内容にしぼることにしました。

　このお話に絵をつけてくださったｂ／２さんは小学校で事務の仕事をしている私の頼りになる友人で、私の意図を汲んで優しい絵を描いてくれました。感謝を表したいと思います。また本の出版にあたっては、

静岡新聞社編集局出版部長の庄田達哉さんにていねいなアドバイスをいただきました。合わせて感謝したいと思います。

　「起きられない」の前には「眠れない」思いをしている子供が多いのではと思い、最後に眠れない時にどうすればいいのかを付け加えました。たくさんの子供達が気持ちよく眠って、スッキリ起きられるようになって、元気に成長していって欲しいと願います。

2017 年 10 月

望月宏笑

ネムネム仙人と考える子供の眠り

2017年11月25日 発行

著者・発行者　望月宏笑
画　ｂ／２
発売元　静岡新聞社

〒422-8033 静岡市駿河区登呂3-1-1
TEL054-284-1666

印刷・製本　藤原印刷